BEI GRIN MACHT SICH IHR WISSEN BEZAHLT

- Wir veröffentlichen Ihre Hausarbeit,
  Bachelor- und Masterarbeit

- Ihr eigenes eBook und Buch -
  weltweit in allen wichtigen Shops

- Verdienen Sie an jedem Verkauf

Jetzt bei www.GRIN.com hochladen und kostenlos publizieren

Christian Thomas

Bericht über das Praktikum in der Kinder- und Jugendhilfe

GRIN Verlag

Bibliografische Information der Deutschen Nationalbibliothek:

Die Deutsche Bibliothek verzeichnet diese Publikation in der Deutschen National-
bibliografie; detaillierte bibliografische Daten sind im Internet über http://dnb.d-
nb.de/ abrufbar.

Impressum:

Copyright © 2008 GRIN Verlag GmbH
Druck und Bindung: Books on Demand GmbH, Norderstedt Germany
ISBN: 978-3-640-88868-9

Dieses Buch bei GRIN:

http://www.grin.com/de/e-book/117292/bericht-ueber-das-praktikum-in-der-kinder-
und-jugendhilfe

GRIN - Your knowledge has value

Der GRIN Verlag publiziert seit 1998 wissenschaftliche Arbeiten von Studenten, Hochschullehrern und anderen Akademikern als eBook und gedrucktes Buch. Die Verlagswebsite www.grin.com ist die ideale Plattform zur Veröffentlichung von Hausarbeiten, Abschlussarbeiten, wissenschaftlichen Aufsätzen, Dissertationen und Fachbüchern.

Besuchen Sie uns im Internet:

http://www.grin.com/

http://www.facebook.com/grincom

http://www.twitter.com/grin_com

Veranstaltung: Jugendberufshilfe: Statuspassagen von Jugendlichen I

Kennziffer: BA S Hi/0714/11d/1f

Leistungsart: **Prüfungsleistung (PL)**

Praktikumszeitraum: **04.02.2008 bis 12.03.2008**

Abgabetermin: **30.04.2008**

Datum: **20.10.2008**

Bericht über das Praktikum in der Kinder- und Jugendhilfe

Name: **Christian Thomas**

Semester: **5**

Inhaltsverzeichnis

Seite

Einleitung

Die Studienordnung (StO) für den Bachelorstudiengang „Soziale Arbeit" an der HAWK Hildesheim sieht vor, dass die Studierenden im vierten und fünften Semester ein achtwöchiges Praktikum absolvieren. Das Praktikum kann in zwei selbstständige Einheiten geteilt werden. Die praktische Tätigkeit soll zu dem von den Studierenden gewählten Handlungsfeld passen. Sie können zwischen folgenden Handlungsfeldern der Sozialen Arbeit wählen. „Soziale Problemlagen", „Rehabilitation und Gesundheit", „Internationale und interkulturelle soziale Arbeit" und „Kindheit und Jugend". Durch die praktischen Segmente im Studium ist eine qualifizierte Ausbildung eines/er Sozialarbeiters/in erst möglich. Daher entschied ich mich, mein Praktikum zu teilen, um Erfahrungen aus unterschiedlichen Arbeitsfeldern sammeln zu können. Das erste meiner beiden Praktika absolvierte ich in einem Kinder- und Jugendzentrum der Stadt Hildesheim. Das zweite Praktikum, wovon auch dieser Bericht handelt, erfüllte ich in der „Kinder- und Jugendhilfe XY" in Hildesheim. Das Praktikum begann am 04.02.2008 und endete am 12.03.2008. Ich arbeitete dort in Haus ..., dort sind Kinder und Jugendliche aus unterschiedlichsten Gründen vollstationär untergebracht sind. Seit Langem war es mein Wunsch, ein Praktikum in einem „Kinderheim" zu absolvieren, da ich mich für dieses Arbeitsfeld interessiere.

Im ersten Schritt dieses Praxisberichtes stelle ich zunächst die Institution vor. Dabei werde ich neben den angebotenen Wohnformen auf die Finanzierung, die Rechtlichen Grundlagen und die Mitarbeiterstruktur eingehen. In einem nächsten Schritt sollen die Zielsetzung und die Arbeitsweisen vorgestellt werden. Als dann folgt eine theoretische Auseinandersetzung mit dem Arbeitsfeld. Im vorletzten Abschnitt wird dann auf den eigenen Tätigkeitsbereich eingegangen. Um dann die Arbeit mit der Reflexion des Praktikums abzuschließen.

Am Ende folgt ein Fazit, bei dem auf die gewonnen Erkenntnisse, die nicht nur während des Praktikums gesammelt wurden, sondern auch durch das Verfassen dieser Arbeit entstanden sind, näher Bezug genommen werden.

Zur besseren Lesbarkeit wurde auf die Nennung der weiblichen Form verzichtet. Es sind immer beide Geschlechter gemeint.

1. Kinder- und Jugendhilfe XY

Die Kinder- und Jugendhilfe XY hat ihren Hauptsitz in der ....straße. Die Einrichtung arbeitet unter kirchlicher Trägerschaft und wurde 1960 als klassisches Kinderheim gegründet. XY betreut aktuell etwa 180 Kinder und Jugendliche im Alter von 6-18 Jahren. Neben dem Standort .... mit Gesamtverwaltung und stationären Häusern verfügt die Einrichtung über mehrere Außenwohngruppen und Tagesgruppen in Stadt und Landkreis Hildesheim. Die jungen Menschen haben mit sozialen, emotionalen und intellektuellen Auffälligkeiten zu kämpfen. Viele, der zu betreuenden Personen sind dort aufgrund von Verwahrlosungstendenzen, Kindeswohlgefährdung, ADHS[1], einer kriminellen Vergangenheit, eines Drogenproblems oder von Missbrauchserfahrungen untergebracht. Die verschiedenartigen Wohnformen von XY machen es möglich, die Kinder und Jugendlichen individuell und gemäß ihrer Bedürfnisse unterbringen zu können (vgl. Organigramm XY).

Die stationären Wohngruppen unterscheiden sich sehr voneinander in Bezug auf ihr pädagogisches Konzept und die Zielgruppe. Auf dem Gelände der ....straße gibt es drei vollstationäre Einrichtungen. Diese sind die Häuser x, y und z und sollen nun näher beschrieben werden. Danach wird auf die stationären Wohngruppen im Umkreis eingegangen.

1.1 Materielle Funktionsgrundlagen

Haus x

In Haus x leben ausschließlich Jugendliche im Alter von 14-18 Jahren. Diese Gruppe zeichnet sich durch eine konsequente Vorbereitung auf eine selbstständige Lebensführung aus. Die Jugendlichen haben sich das Ziel gesetzt ein selbstständiges Leben zu führen. Um dieses zu erreichen, werden sie von den Mitarbeitern unter Anderem durch ihre Beziehungsarbeit unterstützt. Es wird versucht den jungen Menschen eine ansprechende und aktive Freizeitgestaltung zu bieten. Ferner spielt die Betreuung der Jugendlichen in einem klaren und für transparenten Rahmen ab, der von allen mitbestimmt werden kann. Dieser soll den Jugendlichen Halt und Orientierung geben und sie zu einem eigenständigen Leben hinführen.

---

[1] **Aufmerksamkeitsdefizit Syndrom:** Verhaltensstörung mit Aufmerksamkeits- u. Konzentrationsstörung, Impulsivität, mangelnder Frustrationstoleranz u. eventl. Motorische Hyperaktivität (sog. hyperaktives Syndrom) Pschyrembel: Medizinisches Wörterbuch, Hamburg 1994, 138f.

Haus y

Die Zielgruppe von Haus y unterscheidet sich wesentlich im Vergleich zu Haus x. Hier leben Kinder und Jugendliche im Alter von 6-16 Jahren zusammen. Neben der intensiven Elternarbeit wird den Kindern eine klar strukturierte Umgebung geboten. Dadurch ist es möglich den Kindern eine familienähnliche Atmosphäre zuschaffen. Die Eltern haben die Möglichkeit, durch Austausch, regelmäßige Treffen und Hospitation im Haus an der Erziehung ihrer Kinder weiterhin teilzuhaben. Ferner besteht der Anspruch der Mitarbeiter durch den Einsatz klassischer Methoden die Kinder und Jugendlichen in den Mittelpunkt ihrer Arbeit zu stellen.

Haus z

Haus z unterscheidet sich nur in wenigen Merkmalen von Haus x. Es findet aber eine intensivere Zusammenarbeit mit Verbänden und Jugendzentren der Stadt Hildesheim statt. Dadurch ist es möglich den Kindern und Jugendlichen erlebnispädagogische Projekte anbieten zu können. Dazu zählen unter Anderem große und ausgiebige Klettertouren.

Die Außenwohngruppen

Es gibt fünf Außenwohngruppen (AWG), diese sind unter Anderem im Stadtgebiet von Hildesheim verteilt sind. Die AWG M.   ist eine Gruppe für Kinder und Jugendliche, die langfristig stationär untergebracht werden müssen. Gründe dafür können beispielsweise ein Sorgerechtsentzug der Eltern nach § 1666 BGB sein. Bei der Freizeitgestaltung für die Gruppe findet eine enge Kooperation mit den regionalen Vereinen und Kirchengemeinden statt. Das liegt auch daran, dass alle Außenwohngruppen nicht über die gleichen Möglichkeiten der Freizeitgestaltung haben, wie die Gruppen auf dem Gelände der ......straße.

Ferner gibt es die AWG "B.", die primär auf Mädchen im Alter von 14-18 Jahren abgestimmt ist. Das Ziel der dort arbeitenden Pädagoginnen ist die Hinführung zu einer selbstständigen Lebensführung. Sie helfen bei der Suche nach einem Ausbildungs- oder Arbeitsplatz.

In der AWG B. leben bis zu zehn Kinder und Jugendliche. Das Gelände ist groß und bietet viele Möglichkeiten der Freizeitgestaltung. Vor Ort leben viele Kleintiere, die von den Kindern mit versorgt werden. Im oberen Teil des Wohnhauses leben die Älteren, die individuell auf ein eigenständiges Leben vorbereitet werden.

Die AWG H. wird von einem vor Ort lebenden Sozialpädagogen und seiner Familie geleitet. Alle leben in einer großen Gemeinschaft zusammen. Die Jugendlichen werden schrittweise auf ein eigenständiges Leben vorbereitet. Des Weiteren haben sie die Möglichkeit auf dem Gelände der ......straße eine eigene Wohnung zu beziehen und bei Bedarf noch ambulant betreut zu werden.

Die Tagesgruppen

Es gibt sieben Tagesgruppen unter der Trägerschaft von XY, diese sind ebenfalls über die Stadt und den Landkreis Hildesheim verteilt.

„Die Tagesgruppen verstehen sich in besonderer Weise als familienzentrierte und unterstützende Maßnahme. Deshalb besitzt die regelmäßige Elternberatung einen besonderen Stellenwert (Organigramm XY)."

Es wird daher versucht durch die intensive Elternarbeit eine ausreichende Stabilität zu erreichen, sodass eine Fremdunterbringung vermieden werden kann. Es ist ebenfalls möglich, eine ambulante Betreuung durch Fachpersonal in Anspruch zu nehmen. Ferner liegt ein weiterer Schwerpunkt der Pädagogen in den Tagesgruppen auf der Weiterentwicklung von Bildungskenntnissen der Kinder und Jugendlichen und der Motivation, die eigenen Leistungen zu verbessern. Um dieses Ziel zu erreichen, wird auf eine enge Kooperation mit den betroffenen Schulen hingearbeitet.

Eine ausführlichere Vorstellung der Tagesgruppen kann an dieser Stelle leider nicht vorgenommen werden. Für eine weitere Vertiefung stehen in der Konzeption von XY zusätzliche Informationen über ihre Einrichtungen.

Förderschule

XY verfügt über eine hauseigene Schule, die sich ebenfalls auf dem Gelände der ......straße befindet. Dort werden bis zu 120 Schüler unterrichtet. Die XY Schule ist eine Förderschule von der ersten bis zur neunten Klasse. Die Schüler benötigen ein sonderpädagogisches Gutachten, um an der Schule unterrichtet werden zu können. In jeder Klasse sind maximal zehn Schüler, sodass ein intensiver und individuell abgestimmter Unterricht möglich ist. Die Konzeption der Schule sieht aufgrund von besonderen Problematiken der Schüler z. B. (ADS/ADHS) vor, dass sie ferner von anderen Angeboten der Kinder- und Jugendhilfe XY betreut werden (vgl. Organigramm XY).

1.2 Rechtliche Funktionsgrundlagen

Die Kinder- und Jugendhilfe XY arbeitet nach folgenden Gesetzgrundlagen. Zu nennen sind die §§ 27, 30, 32, 34, 35, 35a, 41 und 42 SGB VIII. Die §§ 32 und 34 finden besondere Anwendung im Bereich der Heimerziehung und sind besonders wichtig für die Arbeit mit den Kindern und Jugendlichen. Die einzelnen Paragrafen sollen nun näher beschrieben und erläutert werden (vgl. Organigramm XY).

§ 27 Hilfe zur Erziehung

Gemäß Abs.1 hat ein jeder Sorgeberechtigter Anspruch auf Hilfe bei der Erziehung eines Kindes oder Jugendlichen, sofern eine Erziehung zum Wohle des Kindes oder Jugendlichen nicht möglich und die Hilfe für dessen Entwicklung geeignet und notwendig ist.

Weiter heißt es, dass sich Art und Umfang der Hilfe, an dem erzieherischen Bedarf des Einzelnen orientiert. Das nähere Umfeld des Betroffenen soll bei der Gestaltung der Hilfe miteinbezogen werden.

§ 30 Erziehungsbeistand / Betreuungshelfer

Entsprechend dieses Paragrafen soll ein Erziehungsbeistand oder Betreuungshelfer dem Kind oder Jugendlichen bei der Bewältigung von Entwicklungsproblemen zur Seite stehen. Ferner soll dabei das soziale Umfeld und der Bezug zur Herkunftsfamilie erhalten werden. In § 10 JGG Weisungen kann ein Richter dem Angeklagten auferlegen sich einem Betreuungshelfer zu unterstellen. Diese vom Richter angeordnete Erziehungshilfe wird somit von den Trägern der Jugendhilfe durchgeführt. Ein Betreuungshelfer muss nicht zwangsläufig hauptamtlich tätig sein, sondern kann auch von ehrenamtlicher Seite ausgeführt werden (vgl. Junge 1990, 71).

§ 32 Erziehung in einer Tagesgruppe

Die Erziehung in einer Tagesgruppe soll die Entwicklung des Kindes oder Jugendlichen fördern. Dies geschieht durch soziales Lernen in der Gruppe, durch die Begleitung der schulischen Förderung und durch den Verbleib des Kindes oder Jugendlichen in der Familie. Zielgruppe der Tagesgruppe sind junge Menschen, denen weder in ambulanten noch stationären Einrichtungen angemessen geholfen werden kann (vgl. Junge 1990, 71).

§ 34 Heimerziehung

Eine Erziehung über "Tag und Nacht" soll Kinder und Jugendliche durch eine Verbindung von Alltagserleben mit pädagogischen und therapeutischen Angeboten in ihrer Entwicklung fördern. Die Heimerziehung hat eine dreifache Aufgabe. Es soll bei entsprechender Entwicklung und Verbesserung der erzieherischen Kompetenz der Herkunftsfamilie eine Rückkehr in die Familie ermöglicht werden. Sofern dies nicht möglich ist, soll auf eine Erziehung in einer anderen Familie vorbereitet werden. Ferner soll die Heimerziehung bei Bedarf langfristig eine Wohnform für Kinder und Jugendliche sein und die Verselbstständigung des Jugendlichen fördern und begleiten (vgl. Junge 1990, 75).

§ 35 Sozialpädagogische Einzelbetreuung

Diese Hilfeleistung soll Jugendlichen zur Verfügung stehen, die sich anderen Hilfsangeboten entziehen und daher eine Einzelbetreuung benötigen. Für diese Hilfeform kommen auch junge Erwachsene in Frage. Die intensive Einzelbetreuung setzt die Zustimmung des Betroffenen und seiner Erziehungsberechtigten voraus. Sie ist im Allgemeinen auf längere Zeit angelegt (vgl. Junge 1990, 77).

§ 41 Hilfe für junge Volljährige

Dieser Paragraf sieht vor, dem jungen Menschen auch über die Volljährigkeit hinaus in begründeten Einzelfällen eine Fortsetzung der Hilfe zu gewähren. Die Hilfe muss für die individuelle Situation des Jugendlichen notwendig sein (vgl. Junge 1990, 85).

§ 42 Inobhutnahme

Gemäß § 42 SGB VIII ist das Jugendamt berechtigt und verpflichtet ein Kind oder Jugendlichen in seine Obhut zu nehmen. Dies muss unter bestimmten Voraussetzungen geschehen.

1. Wenn der Betroffene um Obhut bittet, muss diesem Wunsch nachgekommen werden.
2. Wenn eine Kindeswohlgefährdung vorliegt und somit eine Inobhutnahme erforderlich wird.

Das Jugendamt kann die betroffene Person bei einer geeigneten Person oder Einrichtung unterbringen. Es muss während der Inobhutnahme die Situation klären, die zu diesem Schritt geführt hat. Während der Inobhutnahme gilt das Recht, alle Handlungen vorzunehmen, die zum Wohle des Betroffenen notwendig sind. Die Inobhutnahme endet mit der Übergabe an die Erziehungsberechtigten oder nach der Entscheidung über die Gewährung von Hilfen nach dem SGB. Freiheitsentziehende Maßnahmen im Rahmen der Inobhutnahme sind nur unter gewissen Umständen möglich.

1.3 Finanzielle Funktionsgrundlagen

Aufgrund interner Vorgaben liegen für diesen Bericht leider keine Informationen über die Finanzierung der Einrichtung vor. Es ist daher ebenfalls nicht möglich zu erfahren, was beispielsweise die stationäre Unterbringung eines Jugendlichen bei XY kostet. Um an dieser Stelle anzuführen, wie die „Hilfen zu Erziehung" nach dem SGB

VIII abgerechnet bzw. bezahlt werden, sollen Aussagen aus der einschlägigen Literatur verwendet werden.

Die Städte, kreisfreien Städte und unter Umständen auch die Gemeinden übernehmen die Kosten für die „Hilfen zur Erziehung" §§ 27 bis 35 SGB VIII, die von den öffentlichen Jugendhilfeträgern (wie z. B. Jugendamt) durchgeführt werden. Die öffentlichen Träger bieten die Hilfen entweder selbst an oder bezahlen freie Träger für diese Arbeit (vgl. Günder 2007, 59). XY arbeitet wie eingangs erwähnt unter kirchlicher Trägerschaft, in diesem Fall die .... Kirchen und andere Religionsgemeinschaften des öffentlichen Rechts gehören zu den freien Trägern der Jugendhilfe. Ambulante Erziehungshilfen sind für die Leistungsempfänger grundsätzlich kostenlos. Hilfen zur Erziehung, die teil- oder vollstationär durchgeführt werden, müssen unter Umständen vom Leistungsempfänger mitfinanziert werden.

Die Paragrafen 90 bis 97 des SGB VIII geben Auskunft darüber, wer sich an den Kosten beteiligen muss. Zur Zahlung ist jeder verpflichtet, der nach dem Bundessozialhilfegesetz theoretisch in der Lage dazu ist (vgl. Günder 2007, 59). Die meisten Kinder und Jugendlichen von XY kommen aber eher aus einkommensschwachen Familien. Die Eltern sind häufig erwerbslos und beziehen ihrerseits Hilfen nach dem SGB II. Daher werden sie nicht an den Kosten beteiligt. Die Ökonomisierung von Sozialarbeit wird dabei sehr deutlich, wie Ronald Lutz festgestellt hat.

„In der Praxis setzt sich immer mehr die Tendenz durch, als Dienstleister zu agieren,
das heißt, nach ökonomischen Kriterien zu arbeiten und dabei zugleich neue
Entwicklungen im Verhältnis Individuum und Gesellschaft aufzugreifen (Lutz 2008, 3)."

In der Heimerziehung sieht diese Entwicklung so aus, dass „Hilfen zur Erziehung" nur dann finanziert werden, wenn Leistungsvereinbarungen zwischen öffentlichen Trägern und den Leistungserbringern getroffen wurden. Die Leistungsvereinbarungen müssen unter Anderem folgende Punkte enthalten: Art, Ziel und Qualität der Leistung, Informationen über den zu betreuenden Personenkreis und notwendige materielle und personelle Ausstattungen (vgl. Günder 2007, 63).

Das zwischen beiden Parteien vereinbarte Entgelt deckt die tägliche Grundversorgung des Kindes oder Jugendlichen. Die Höhe ist unterschiedlich und es geht immer eine Kostenkalkulation sowie eine Qualitätsentwicklung voraus. Darin enthalten sind die Ernährung, die Erziehung, die Unterkunft und die Freizeitgestaltung des Betroffenen. Weitere notwendige Maßnahmen, wie beispielsweise Schüler Nachhilfe,

Gesprächstherapie oder Ergotherapie werden nur dann bezahlt, wenn diese im Hilfeplan aufgeführt sind. Diese werden durch „Fachleistungsstunden[2]" vergütet. Die Grundleistungen liegen derzeit bei durchschnittlich 120 bis 150 Euro täglich pro Kind/Jugendlichen. Die monatlichen Kosten für einen Heimplatz belaufen sich daher zwischen 3600 bis 4500 Euro. Eine Fachleistungsstunde liegt etwa bei 60 bis 80 Euro, dies hängt von der Profession des Anbieters ab. Zu den monatlichen Grundkosten könnten dann zusätzlich bis zu 500 Euro hinzukommen (vgl. Günder 2007, 64).

1.4 Fachliche Funktionsgrundlagen

In diesem Abschnitt soll näher auf die personale Struktur des Kinder- und Jugendheims XY eingegangen werden. In der Gesamtleitung arbeiten ausgebildete Pädagogen. Ferner gibt es in der Erziehungsleitung Pädagogen, Psychologen, Sozialpädagogen und Heilpädagogen. Außerdem sind in den einzelnen Gruppen Sozialpädagogen, Erzieher, Sozialpädagogen im Berufspraktikum, Zivildienstleistende und diverse Praktikanten (Studierende, Praktikanten im Freiwilligen Sozialen Jahr (FSJ) und Erzieher) tätig.

Des Weiteren gibt es Mitarbeiter in unterschiedlichen Bereichen, z. B. in der Küche oder der Gebäudepflege.

1.5 Mitarbeiterstruktur

Die Mitarbeiterstruktur ist hierarchisch aufgebaut. Der Gesamtleiter verfügt über zwei Stellvertreter. Diese beiden arbeiten zu einer Hälfte im Bereich der Gesamtleitung und zur anderen Hälfte als Erziehungsleitung für jeweils zwei vollstationäre Wohngruppen. Jede vollstationäre Wohngruppe verfügt in der Regel über fünf Mitarbeiter. Die Gruppenleitungen unterstehen den Pädagogen aus der Erziehungsleitung. Die Erziehungsleitung der Tagesgruppen übernimmt ein Psychologe, in den Tagesgruppen arbeiten drei Mitarbeiter, von denen einer die Gruppenleitungsfunktion einnimmt und eine höhere Verantwortung trägt. Die Gruppenleitung einer stationären Gruppe oder einer Tagesgruppe ist unter Anderem für die Verwaltung (Dienstplänen für die Mitarbeiter, Kassenführung der Gruppe etc.) zuständig. Sie stehen hierarchisch über den Mitarbeitern der Gruppe. Die Erziehungsleitung führt Hilfeplangespräche, spricht mit Jugendämtern und Eltern und kümmert sich um die Finanzierung von Maßnahmen

---

[2] **Fachleistungsstunde:** Ist eine Berechnungsform für Leistungsentgelte. Sie stellt eine Erweiterung der bisher bekannten Formen Tageskostensatz und Pauschale Kostenerstattung dar und findet vornehmlich im Bereich der ambulanten Hilfen in der Jugendhilfe Verwendung. Fachlexikon der sozialen Arbeit 2002, 308

für   die   Kinder   und   Jugendlichen.

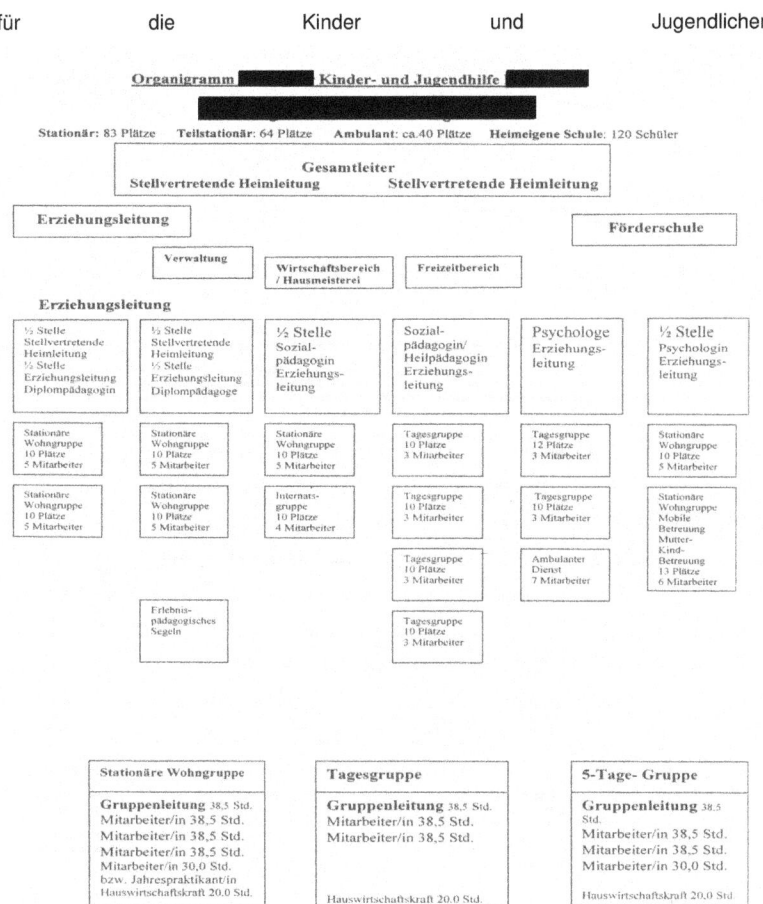

Abb. Organigramm XY Kinder- und Jugendhilfe 2007

2. Zielsetzung und spezifische Aufgabenstellung

Die Mitarbeiter von XY haben die Aufgabe, den ihnen anvertrauten Menschen und deren Familien die bestmögliche Unterstützung zugewährleisten, damit eine gute Entwicklung der Kinder und Jugendlichen ermöglicht werden kann. Sie handeln auf Grundlage der christlichen Nächstenliebe und nutzen professionelle Methoden, um dies zu erreichen. Es wird versucht, dem anvertrauten Menschen Lebensfreude zu vermitteln, die Auseinandersetzung mit der eigenen Lebenssituation zu initiieren und zu einem Beginn von Freundschaften zu motivieren. Die Hilfen zur Erziehung werden individuell auf die Bedürfnisse des Klienten abgestimmt.

Die Netzwerkarbeit ist, von besonderer Bedeutung. Es wird mit anderen Einrichtungen der Jugendhilfe, mit der Kommune, mit den Kirchen, mit den Schulen, mit Vereinen und Verbänden und anderen Personen des öffentlichen Rechts zusammengearbeitet (vgl. XY Leitbild 2007).

Methoden und Arbeitsweisen

Um die Ziele aus dem Leitbild erreichen zu können, dienen unter Anderem Ansätze aus der systemischen Therapie. Besonders hervorzuheben ist der lösungsorientierte Ansatz, bei dem davon ausgegangen wird, dass Menschen über Ressourcen und Talente verfügen, um ihrem Leben einen positiven Sinn zu geben.

Die Mitarbeiter versuchen Alltagssituationen der jungen Menschen so zu gestalten, dass sie die Möglichkeit erhalten, ihre Kompetenzen und Fähigkeiten zu erkennen. So können sie ein positives Bild von sich selbst erhalten und ihre Entwicklung vorantreiben.

Die Beziehungsarbeit ist für die Mitarbeiter von XY von großer Bedeutung, da die meisten Kinder und Jugendlichen, die sich in ihrer Obhut befinden, nicht freiwillig dort sind, sondern unter beträchtlichem Druck dort eingewiesen wurden. Damit eine gute Beziehung zwischen dem Klienten und den Mitarbeitern entstehen kann, wird auf dessen Wünsche und Bedürfnisse besonders eingegangen und eine Vielzahl von Freizeitaktivitäten angeboten. Alle Kinder und Jugendlichen erhalten einen „Bezugsbetreuer", der ist für alle Belange zuständig ist. Zusammen gehen sie beispielsweise ins Kino, zum Einkaufen, Joggen oder besprechen die Ziele und Pläne des Jugendlichen.

Der Bezugsbetreuer nimmt auch an allen Hilfeplangesprächen, die seinen „Schützling" betreffen, teil. Es können nicht nur die Wünsche der Kinder und Jugendlichen erfüllt werden. Damit auch der Gedanke des Förderns und Forderns erfüllt werden kann, ist eine Mitarbeit der Kinder und Jugendlichen ebenso so wichtig. Die Erziehung findet in einem strukturierten und festen Rahmen statt, daher wird verlangt, dass jeder versucht sich in die Gruppe zu integrieren, um damit ein Leben in der Gruppe zu erleichtern.

Die Gruppe soll für alle Kinder und Jugendlichen Sicherheit, Orientierung und Schutz bieten (vgl. XY Ziele und Aufgaben). Bei der Suche nach Ressourcen und Fähigkeiten der jungen Menschen helfen den Mitarbeiten weitere pädagogische Vorgehensweisen aus der lösungsorientierten Gesprächsführung, auf die ich an dieser Stelle allerdings nicht näher eingehen werde.

3. Arbeitsfeldanalyse

3.1 Definition

Die Heimerziehung ist ein Angebot der „Hilfen zur Erziehung" §§ 27 – 34 SGB VIII. Die Jugendhilfe bietet Kindern und Jugendlichen, die aus überforderten Herkunftsfamilien stammen und dort beispielsweise missbraucht, misshandelt oder aber verwahrlost wurden, einen professionellen pädagogisch strukturierten Lebensort, der ihren individuellen Anforderungen gerecht wird. Er soll helfen Defizite abzubauen und ihre Entwicklung voranzutreiben (vgl. Fachlexikon der sozialen Arbeit 2002, 449).

3.2 Historischer Hintergrund

Die Heimerziehung gehört unter Anderem zu den Kernbereichen der Sozialarbeit und ist daher ein klassisches Arbeitsfeld für Sozialarbeiter in Deutschland. Dies liegt auch an der langen Geschichte, die bis in das 16. Jahrhundert zurückreicht. Das Heim soll als positiver Lebensort gelten und somit dazu verhelfen können, negative und traumatische Erlebnisse aus der Herkunftsfamilie zu verarbeiten.

Die Heime leiden unter einem großen negativen Image. Kritikpunkt ist häufig der hohe pädagogische Anspruch an eine Erziehung, die von den Kinder und Jugendlichen oftmals nicht erreicht wird. Die hohen Kosten für die Unterbringung und die „wenigen" Erfolge werden kritisiert. In der Bevölkerung herrschen viele Vorurteile und negative Vorstellungen gegenüber der Heimerziehung. Es heißt oft, dass Heime für Kinder und Jugendliche keine Hilfe darstellen, da der Umgang dort zu aggressiv sei. Weiterhin wird behauptet, dass Heimkinder später mit großen Problemen zu kämpfen haben und dass sie oft kriminelle Handlungen begehen (vgl. Günder 2007, 14).

Die ersten Heime in Deutschland galten damals als sogenannte „Waisenanstalten". Diese entstanden in Lübeck, Hamburg und Augsburg im 16. Jahrhundert. Vorher wurden Waisen noch zu Familien gegeben, wo sie meist aber nur als günstige Arbeitskräfte eingesetzt wurden. Die Kinder und Jugendlichen wurden streng und gottesfürchtig erzogen. Die „Erzieher" unterwiesen ihre Zöglinge in Gehorsam, Fleiß und Disziplin. Aufgrund dieser Erziehungsmethode wurde die freie Persönlichkeitsentfaltung junger Menschen in den Hintergrund gerückt, da Wertmaßstäbe vertreten wurden, die eher das Bild einer Kaserne zeigten (vgl. Günder 2007, 16).

Veränderungen in der Betreuung traten erst wesentlich später ein, als Kindheit einen Wert erhielt. Zu den Veränderungen trug auch Johann Heinrich Pestalozzi bei. Dieser leitete ein Heim, in dem nicht mehr Strenge, Zucht und Ordnung gelehrt wurden, sondern die „Liebe zu den Kindern" in den Vordergrund gerückt war. Pestalozzi war der

Begründer des Familienprinzips in der Heimerziehung, da er schon früh erkannte, dass dies ein Erziehungsideal ist. Er lebte damals mit seiner Familie und den Waisen zusammen (vgl. Günder 2007, 18). Später folgte Johann Hinrich Wichern 1833 mit der Gründung des „Rauhe Hauses" in Hamburg. Dort wurden zwei Zielsetzungen verfolgt, zum einen die verwaisten Kinder durch religiöse Bildung zu Gott zu führen und sie zum anderen auf das weltliche Leben vorzubereiten und sie zu wertvollen Mitgliedern der Gesellschaft zuerziehen (vgl. Günder 2007, 19).

Die Methoden von Pestalozzi und Wichern konnten sich allerdings nicht durchsetzten. In München gab es im Jahre 1908 ein Waisenhaus in der Zucht, Ordnung und Gehorsam gegenüber den Obrigkeiten an oberster Stelle stand. Liebe und Zuneigung wurden den Kindern und Jugendlichen hier ebenfalls nicht entgegengebracht. So lässt sich feststellen, dass über Jahrhunderte bis auf wenige Ausnahmen den Kindern und Jugendlichen kein richtiges Zuhause geboten wurde, sondern sie nur in Anstalten untergebracht wurden in denen sie nur Strenge und Disziplin erlebt hatten (vgl. Günder 2007, 20).

In der Heimerziehung während des Nationalsozialismus wurden alle bekannten pädagogischen Ideen und Konzepte aus früheren Zeiten nicht berücksichtigt. Es ging nur darum herauszufinden, welchen militärischen Nutzen die Hilfe für die Kinder und Jugendlichen trägt. So wurden die Hilfebedürftigen nach rassistischen Merkmalen sortiert. Es gab „gute Elemente" (erbgesund), „halbgute" und „böse Elemente". Letztere wurden bis zur Volljährigkeit in polizeilichen Jugendschutzlagern betreut und dann in Arbeitslager oder Konzentrationslager geschickt. Diejenigen mit den „guten" und „halbguten" Elementen erhielten Fürsorge nach dem Reichsjugendwohlfahrtsgesetz (vgl. Günder 2007, 21).

Nach Ende des zweiten Weltkrieges gab es nur noch wenige Heime, aber eine Vielzahl von elternlosen Kindern. In großen Gruppen von bis zu 30 Kindern wurden sie von unqualifizierten Personen (z. B. ehemalige Soldaten) betreut. Erneut wurden sie hierbei mit Strenge, Disziplin und Ordnung erzogen. Erst mit Beginn der 70 Jahre des letzten Jahrhunderts wurde damit begonnen die großen Institutionen aufzulösen. Auf diese Weise entstand eine Vielzahl von Wohnformen mit familienähnlicher Atmosphäre. Es war nun eher möglich Geborgenheit zu vermitteln und die Kinder und Jugendlichen konnten „sich zu Hause" fühlen (Winkler 2003, 21).

Heute arbeitet ein gut ausgebildetes pädagogisches Personal in Heimen bei einer Gruppengröße von durchschnittlich acht bis zehn Kindern und Jugendlichen. In einer Gruppe arbeiten im Durchschnitt bis zu vier Erzieher und Pädagogen, wodurch allerdings auch die Kosten für einen Heimplatz in ihrer Höhe geprägt werden (vgl. Günder 2007, 25).

3.3 Methoden in der Heimerziehung

> *„Kinder und Jugendliche, die heute in Heimen leben, weisen mehr oder weniger umfängliche Schwierigkeiten, Störungen, Auffälligkeiten und Abweichungen auf, die sich auf ihren Verhaltens- und Erlebensbereich erstrecken" (Günder 2007, 181).*

Um diesen Schwierigkeiten gerecht zu werden, bedarf es erzieherischer Methoden, die strikt umgesetzt werden sollten, damit ein Erziehungserfolg eintreten kann. Trotz aller Hilfeplangespräche und individueller abgesprochener Vorgehensweisen ist ihre Umsetzung häufig schwierig. Die angewandten Methoden in der Heimerziehung stammen aus den Bereichen der Pädagogik, Psychologie, Heilpädagogik sowie aus anderen Sozialwissenschaften (vgl. Günder 2007, 183).

In stationären Einrichtungen in Deutschland kommen verschiedenartige pädagogische Prinzipien zum Einsatz, zu nennen wäre unter Anderem, die Strukturierung des Alltags, die Beziehungsarbeit, ein "Bezugsbetreuer System", die Elternarbeit oder die Ich-Stärkung. Diese pädagogischen Prinzipien stellen aber noch keine Methode dar. Wirkliche sozialpädagogische Methoden, die in stationären Einrichtungen eingesetzt werden sind, die Verhaltenstherapie, die systemische Therapie, das therapeutische Reiten, sowie die Ressourcenorientierung (vgl. Günder 2007, 188f).

3.4 Perspektiven für die Heimerziehung

Im Oktober 2006 stirbt der kleine Kevin aus Bremen. Die Polizei findet die Leiche im Kühlschrank des Vaters, der von einem Unfall spricht. Kevin könnte heute noch leben, wenn die zuständigen Behörden rechtzeitig reagiert hätten. Es gab eine Menge Anzeichen, die auf mangelnde Erziehungskompetenz der Eltern hingedeutet haben[3].

Mittlerweile lebt jedes vierte Kind in Deutschland in Armutsverhältnissen, gute Bildung ist in Deutschland abhängig vom Status der Eltern. Vier von fünf Akademikerkindern studieren heute, aber nur eines von fünf Kindern mit Eltern ohne akademischen Grad[4]. Viele der von Armut betroffenen Kinder und Jugendlichen leiden unter vielen verschiedenen Problemen.

> *„Armut heißt: Es gibt nichts mehr" – keinen Nachschlag oder überhaupt gar keine Mahlzeit, kein Taschengeld, keinen Ausbildungsplatz, keine neue Jeans, kein offenes Ohr, keine Perspektive, keine Kinokarten, nichts gibt's mehr. Aus vorbei – der Hahn abgedreht, das Zimmer dunkel. (Weber 2006, 10)"*

---

[3] http://www.zeit.de/2006/43/Bremen (26.04.08)
[4] http://www.sueddeutsche.de/jobkarriere/artikel/41/139748/ (26.04.08)

Das Kinder- und Jugendhilfegesetz in der BRD ist eines der modernsten Gesetzeswerke in Europa. Es regelt die Rechte von Kindern und Jugendlichen und bietet Hilfen zur Erziehung für jeden, der sie benötigt. In der Praxis sieht das aber zumeist anders aus. Bei weitem wird nicht allen geholfen, die Hilfe benötigen (vgl. Fehrenbacher 2007, 107ff).

4. Beschreibung der Tätigkeiten

Während meines Praktikums habe ich über den gesamten Zeitraum hinweg mit allen fünf hauptamtlichen Mitarbeitern von Haus 4 zusammengearbeitet. Dort arbeitet eine Dipl. Sozialpädagogin, die ebenfalls Gruppenleitung ist und für die Praktikumszeit meine Anleiterin wurde. Der einzige männliche Mitarbeiter im Haus ist ebenfalls Sozialpädagoge. Ferner arbeiten dort zwei Erzieherinnen und eine Sozialpädagogin im Berufspraktikum. Es war noch eine Praktikantin in ihrem Freien Sozialen Jahr neben mir im Haus tätig. Die hauptamtlichen Mitarbeiter von Haus 4 sowie die Erziehungsleitung haben eindeutige Arbeitsplatzbeschreibungen für ihre Praktikanten entwickelt, so dass jeder über die Möglichkeiten und Grenzen im Praktikum bescheid weiß.

Ich arbeitete in der Regel von Montag bis Mittwoch und noch einen Tag am Wochenende. Meine Arbeitszeiten waren sehr unterschiedlich, vormittags arbeitete ich nur selten, da die Kinder und Jugendlichen zu dieser Zeit in der Schule waren. Ansonsten begann mein Dienst mittags bis nachmittags und ging bis in die Abendstunden. Diese Arbeitszeiten sind typisch für die stationäre Heimerziehung. Die Hauptamtlichen leisten zusätzlich noch die notwendige Nachtbereitschaft.

Zu Beginn meines Praktikums wurde ich gefragt, wie sportlich ich bin, denn die meiste Zeit im Praktikum verbrachte ich bei der Freizeitbegleitung der Kinder- und Jugendlichen. Neben Fußball, Joggen, Basketball und Tischtennis ging ich mit den Kindern auf den hauseigenen Spielplatz oder in die Sporthalle.

Da am Rosenmontag der Beginn meines Praktikums war, habe ich zunächst eine große Faschingsfeier und die Feierlichkeiten zum Todestag des Namensgebers der Einrichtung in der Sporthalle miterlebt. Für die Kinder- und Jugendlichen wurde ein ausgiebiges Programm dargeboten. Später hatte ich dann erste Begegnungen mit den Bewohnern von Haus 4. Ich begleitete die Kinder bei der Abendhygiene und las anschließend „Gute Nacht" Geschichten vor.

Jede Woche fand eine umfangreiche Teambesprechung statt, an denen jeder Mitarbeiter teilnehmen soll, ebenfalls nimmt auch die Erziehungsleitung an den Besprechungen teil. Es werden unter Anderem organisatorische Aspekte (Ausflüge, Veranstaltungen) und erzieherische Maßnahmen von den Kindern und Jugendlichen besprochen, wie z. B. Termine für Hilfeplangespräche, Elternarbeit, Beurlaubungen etc.

An den Werktagen bekommen die Häuser ihr Mittagessen von der Großküche, die auf dem Gelände ansässig ist. Die Aufgabe der Praktikanten ist es unter Anderem, mittags das Essen abzuholen und gemeinsam den Tisch zu decken, die Post abzuholen und unter Umständen frisches Obst neben dem regulären Nachtisch bereitzustellen. Am

15

Wochenende werden die Jugendlichen bei der Zubereitung des Mittagessens unterstützt. Die älteren Jugendlichen sollen im wöchentlichen Wechsel für alle anderen kochen, bei der Auswahl und der Zubereitung der Speisen werden Sie von den Mitarbeitern begleitet. Ansonsten haben alle im Haus täglich Aufgaben zu erfüllen, wie z. B. (Tisch decken, Geschirrspülmaschine ein- und ausräumen, Lebensmittel für die Gruppe einkaufen, Müllentsorgung etc.). Bei dieser „Ämterbegleitung" sollen die Kinder und Jugendlichen bei Bedarf von den Mitarbeitern unterstützt werden. Häufig wird kontrolliert, ob die gestellten Aufgaben von allen erfüllt worden sind.

Des Weiteren habe ich den Kindern und Jugendlichen bei der Erledigung ihrer Hausaufgaben geholfen und sie zu Arztterminen oder Ähnlichem begleitet. Die Hausaufgabenbetreuung gestaltete sich bei einem Jungen als sehr aufwendig und ich hatte Schwierigkeiten bei der Motivation dieses Jungen. In der Reflexion soll näher auf diese Thematik eingegangen werden.

Da mein Praktikum bis zu den Osterferien ging, nahm ich an den Aktionstagen in der ersten Ferienwoche teil. Die Mitarbeiter planten an drei Tagen verschiedene Aktionen mit den Kindern und Jugendlichen. Am ersten Tag wurde Kuchen gebacken, gebastelt und das Haus frühlingshaft dekoriert Nachmittags und Abends wurde mit den Kindern und Jugendlichen eine DVD ihrer Wahl geschaut.

Am zweiten Tag ging es in die „Campo Arena", einem großen Spielpark in Hannover. Dort gibt es diverse Möglichkeiten der Freizeitgestaltung beispielsweise eine Kletterwand oder eine Hüpfburg.

Der letzte Aktionstag und zeitgleich auch mein letzter Praktikumstag wurde in der Innenstadt von Hannover verbracht. Es wurde mit den Kindern und Jugendlichen „Auf der Suche nach Mr. X" gespielt. Ein Planspiel, das an das Gesellschaftsspiel „Scotland Yard" angelehnt ist. An den Vorbereitungen war ich neben der Berufspraktikantin auch maßgeblich beteiligt, da ich das Spiel schon einmal in dieser Form bei den Evangelischen Kirchentagen in Hannover und Köln durchgeführt habe. Bei der Durchführung kam es allerdings zu einigen Schwierigkeiten, die den Ablauf des Spiel erheblich behinderten. Auf diese Erfahrungen werde ich in meiner Reflexion Bezug nehmen.

5. Reflexion

Im Folgenden werde ich die Reflexion des methodischen Handelns im Praktikum bearbeiten. Zu Beginn erfolgen hier einige Beschreibungen von Situationen und Aspekten, die ich im Praktikum erlebt habe. Dabei werde ich darstellen, worin Schwierigkeiten in Bezug auf meine pädagogische Handlungsebene bestanden. Danach sollen diese Aspekte in einen theoretischen Kontext gestellt werden, um das eigene pädagogische Handeln gegebenenfalls zu überdenken bzw. zu verbessern.

5.1 Positive Aspekte im Praktikum

Bei der Kontaktaufnahme und dem Bilden von Freundschaften mit den Kindern und Jugendlichen hatte ich meines Erachtens keine Schwierigkeiten. Dies wurde mir auch von meiner Anleiterin in ihrer Außenwahrnehmung bestätigt. An den fest strukturierten Tagesablauf im Haus konnte ich mich schnell gewöhnen. Ich kenne ähnliche Strukturen aus meiner Zivildienstzeit, die ich in einer psychiatrischen Einrichtung absolvierte. Den Umgang mit den Kollegen würde ich als gelungen bezeichnen, die Arbeit mit ihnen machte mir Freude. Die Kollegen schätzten meine Person, dies wurde deutlich, als mir am Ende meines Studiums ein Berufspraktikumsplatz im Haus angeboten wurde. Ich hatte erwartet, dass die Arbeit mit den Adressaten der Heimerziehung nicht leicht werden würde. Allerdings konnte ich mich vom Gegenteil überzeugen. Meine Vermutungen, dass die Kinder und Jugendlichen ausschließlich, aufgrund ihres Hintergrundes deviantes Verhalten zeigen, waren falsch. Als ich in der ersten Woche meines Praktikums gebeten wurde mit den Älteren in die Sporthalle zu gehen, um dort gemeinsam Fußball zu spielen, hätte ich nicht gedacht, dass dies so einfach wird. Wir konnten uns auf gemeinsam geltende Regeln einigen und hatten viel Freude am Spiel und konnten 90 Minuten konstant spielen. Die Einzelschicksale der Kinder und Jugendlichen gingen mir zwar persönlich nah, aber das Wissen darüber schränkte mich in der Arbeit mit den Kindern und Jugendlichen nicht ein.

5.2 Negative Aspekte im Praktikum

5.2.1 Die Hausaufgabenbetreuung

Ich verbrachte im Praktikum viel Zeit mit der Hausaufgabenbetreuung bei einem 7 Jahre alten Jungen. Er hat noch drei Brüder, die ebenfalls bei XY untergebracht sind. Er und sein ältester Bruder wohnen zusammen in Haus 4 die anderen beiden im Haus 8. Beide teilen sich ein Zimmer, wenn sie zusammen waren stritten sie sich meistens. In diesen Auseinandersetzungen kam es häufig zu Handgreiflichkeiten, die

auch schon mal mit Verletzungen endeten. Der Name des 7jährigen lautet Dominik*
und sein 10 Jahre alter Bruder heißt Peter*. Alle vier Brüder haben unterschiedliche
Väter kennen diese allerdings nicht. Als ich mein Praktikum begonnen habe, waren sie
erst wenige Monate von der Mutter getrennt, diese besucht ihre Jungs jedoch in der
Regel einmal in der Woche. Ihre Mutter ist 26 Jahre alt, und hat nach eigenen
Aussagen eine „schlimme Kindheit" erlebt. In einem Gespräch äußerte sie, dass sie in
ihrer Vergangenheit von ihrem Großvater, Vater und einem Bekannten, des Vaters
sexuell missbraucht. Sie selbst war später lange Zeit im Heim untergebracht. Liebe und
Zuneigung hat sie nach eigenen Aussagen nicht erfahren, ihre Mutter, der sie sich
anvertraut hatte, glaubte ihren Erzählungen über die Geschehnisse nicht. Ihre Kinder
wurden vom Jugendamt in Obhut genommen, da es Anzeichen der Verwahrlosung
gab. Die Mutter war zu diesem Zeitpunkt mit ihrem Lebensgefährtin verreist war. Sie
bat ihren leicht behinderten Bruder auf die Kinder aufzupassen, dieser war allerdings
mit der Situation überfordert, da das jüngste Kind gerade 2 Jahre alt war.

Dominik und Peter gehen beide auf die gleiche Grundschule und beide werden von
den Mitarbeitern bei ihren Hausaufgaben unterstützt. Ich selbst habe Dominik
mehrmals bei seinen Deutsch und Mathe Aufgaben geholfen. Dies gestaltete sich aber
als äußert schwieriges Unterfangen. Dominik geht in die 1. Klasse und verfügt über
wenig Lese- und Schreibkompetenz, er hat Schwierigkeiten mit der Addition von
einstelligen Zahlen und kann Zahlenfolgen nicht nachvollziehen. Er ist von sich aus
nicht gewillt seine Hausaufgaben zu erledigen. Auf die Frage, ob er Hausaufgaben
aufhat, verneinte er stets diese Frage, daher ist es nur noch möglich gewesen von
seinem Lehrer die Hausaufgaben für den Tag, zu erfahren. Das Hausaufgabenheft, in
dem der Klassenlehrer die Aufgaben notiert, wird von Dominik häufig versteckt. Mit der
Suche nachdem Heft verging häufig sinnvolle Zeit, die für die Bearbeitung nützlich
gewesen wäre. Denn der feste Tagesablauf im Haus lässt wenig Zeit zu und die
anderen Kinder und Jugendlichen haben natürlich auch Wünsche und Bedürfnisse, die
an einen herangetragen werden, diese sollen ebenfalls erfüllt werden.

Dominik hatte nie großes Interesse seine Hausaufgaben zu machen weder alleine
noch mit Hilfe von den Mitarbeitern. Meistens versuchte er zu verhandlin, wenn er
beispielsweise in zwei Schulfächern etwas zu erledigen hatte, wollte er höchstens eine
Sache erledigen, die andere aber dabei belassen. Ich sah mich in der Rolle, des
Pädagogen ihm zu sagen, dass das nicht verhandelbar ist und er seine Aufgaben
erfüllen muss. Meistens blockierte er dann komplett und wollte nichts mehr machen. Er
verließ dann den Schreibtisch lief durch den Raum und beschimpfte mich dabei auf

---
* Name geändert
* Name geändert

18

Schärfste. Da ich auf seine Beleidigungen nicht eingegangen bin, begann er meistens damit zu schreien, zu treten und zu spucken. Ich sah in diesen Situationen keine andere Lösung, als die Hausaufgabenbetreuung zu unterbrechen und eine kurze Pause einzulegen. Um meinen Auftrag einigermaßen erfüllen zu können, sagte ich ihm er solle erst mal eine Hausaufgabe beenden. Die Aufgaben im Fach Deutsch versuchte er immer, zu vermeiden. Nachdem er die Aufgabe erledigt hatte, versuchte ich ihn zu motivieren, die andere auch noch zu machen dies geling mir aber selten. Es ist schwierig sich in seine Situation hinzuversetzten, denn die Aufgaben, die ihm gestellt wurden, könnte ein 12jähriger in fünf Minuten erledigen. An einem Tag sollte er fünf Zahlenreihen vervollständigen und fünf kurze Sätze abschreiben So war es dann oftmals nicht möglich alle ihm gestellten Aufgaben zu erfüllen. An manchen Tagen dauerte die Betreuung von Dominik bis zu zwei Stunden und führte zu keinem wünschenswertem Ergebnis. Ich bin der Auffassung bei der Hausaufgabenbetreuung von Dominik grundlegende Dinge falsch gemacht zu haben und oft das Gegenteil meines eigentlichen Auftrags erreicht zu haben.

5.2.2 Die Durchführung von „Auf der Jagd nach Mr.X"

Für den dritten Aktionstag der Osterferien wurde geplant mit den Kindern und Jugendlichen in Hannover „Auf der Jagd nach Mr. X" zu spielen. Ziel des Spiels ist es Mr.X zu ergreifen. Hierfür werden drei Such Teams und ein Mr.X Team gebildet. Das Team von Mr.X hat gewonnen, sobald es in einem bestimmten Zeitrahmen nicht gefunden wurde. Eine Zentrale von außerhalb koordinierte das Spiel. Bei der Gruppenaufteilung sollten bestimmte Konstellationen verhindert werden, die aus unserer Sicht dem Ablauf des Spiels geschadet hätten. In jedem Team war ein Mitarbeiter des Hauses und zur Unterstützung bekam er jeweils zwei bis drei Kinder und Jugendliche an seine Seite. Als die Teams eingeteilt wurden, kam es bei einigen zu Frustrationen. Die Gruppenaufteilung wurde bisweilen heftig kritisiert und viele äußerten den Wunsch in ein anderes Team zu wechseln, da sie mit einzelnen Teammitgliedern aus unersichtlichen Gründen nicht zusammenarbeiten wollten. Nina[*] und Jason[*], die beide mir zugeteilt wurden, wollten ebenfalls nicht meiner Gruppe angehören, es war aber nicht möglich die Gruppen zu ändern. Dieses lag sowohl an der knappen Zeit und ein erneuter Teamfindungsprozess hätte sich somit hingezogen. Außerdem an der Tatsache es nicht allen recht machen zu können und zu wollen. Ferner war es der Wunsch der Mitarbeiter endlich mit dem Spiel zu beginnen und sich nicht dem Willen einzelner zu beugen.

---

[*] Name geändert
[*] Name geändert

Die 17jährige Nina ist eine sogenannte Sinti, dies ist die politisch korrekte Bezeichnung für den Begriff „Zigeuner". Sie ist das Sorgenkind der Mitarbeiter von Haus 4, sie hatte bis vor kurzem eine von der Arbeitsagentur finanzierte Ausbildung als Malerin und Lackiererin in Aussicht verlor aber die Zusage, da sie kurz vorher aus ihrer bald beendeten Bildungsmaßnahme entlassen wurde. Sie hatte Konflikte mit den Lehrenden der Einrichtungen so dass sie der Maßnahme verwiesen wurde.

Bei der Ankunft in Hannover wollte Nina immer noch die Gruppe wechseln. Nachdem wir uns von der Großgruppe getrennt hatten und uns in unseren Kleingruppen auf dem Weg zu den Startpunkten machten wurde nicht nur mein pädagogisches Verständnis, sondern auch mein Handeln auf die Probe gestellt. Nina begann damit mich systematisch zu beleidigen und zu diskreditieren, um mich so vermutlich aus der Fassung zu bringen. Wir befanden uns in der Straßenbahn von Hannover und sie sagte immer wieder lautstark, dass sie bei dem Spiel nicht mitmachen würde. Dabei beleidigte sie mich benahm sich dermaßen daneben, in dem sie sich auf dem Sitzplatz rekelte und ihre Musik aus dem Handy laut aufdrehte. Ich entgegnete ihr immer wieder mit Nachdruck, dass sie ja auch einfach gehen könnte und sich in der Innenstadt vergnügen könne. Dies verneinte sie, da sie ja keine Straßenbahnfahrkarte hatte, die sie hätte nutzen können, um zurückzufahren. Ich forderte sie daher mehrfach auf, zumindest die laute Musik abzustellen und sich in der Öffentlichkeit zu benehmen. Da Nina auf keine meiner Forderungen einging sah ich mich irgendwann gezwungen, die Situation zu beenden. Ich verließ die Straßenbahn, um zurück zum Bahnhof zu fahren. Die beiden verfolgten mich und drohten mir sogar die Fahrkarte mit Gewalt abzunehmen. Am Bahnhof angekommen zerriss ich aus Enttäuschung über die Situation die Fahrkarte und setzte meine Kollegen von meiner Situation in Kenntnis und wollte eigentlich nur noch nach Hause. Ich traf mich dann doch noch mit einer anderen Gruppe, wir legten unsere Gruppen zusammen und beendeten frustriert das Spiel. Bis auf eine kleine Entschuldigung nach einer Diskussion mit der anderen Gruppenleitung kam es zu keiner weiteren Reaktion von Nina.

5.3 Auswertung des pädagogischen Handelns

In diesem Abschnitt soll der Frage nachgegangen werden, was pädagogisches Handeln ist und wie ich bei Dominik und hätte angemessen agieren sollen, damit die geschilderten Situationen anders verlaufen wären. Eine weitere Frage die sich stellte ist dieses überhaupt möglich.

„[Pädagogisches] Handeln ist allgemein ein bewusstes und willentliches menschliche Tun, das auf die Gestaltung der Wirklichkeit gerichtet ist; der Handelnde verfolgt dabei bestimmte Ziele und hat dafür bestimmte Motive. (Giesecke 1997, 21)"

Pädagogisches Handeln ist auch immer „soziales Handeln", da versucht wird, Veränderungen am Menschen zu initiieren. Handeln ist aber auch immer am Handeln anderer orientiert. Es ist daher nicht möglich, nur die eigenen Ziele verfolgen zu können. Ferner hat man immer die Möglichkeit sich anders zu entscheiden, daher gibt es kein pädagogisches Handeln in der man nur so und nicht anders agieren kann. Wir können uns daher nur angemessen verhalten. Es gibt immer mehrere Möglichkeiten, je nachdem wie der andere sich verhält (vgl. Giesecke 1997, 22).

5.3.1 Die Hausaufgabenbetreuung

Im Fall Dominik lässt sich daher schon mal feststellen, das ein angemessenes und sinnvolles Handeln im Sinne des Auftrags nur schwer möglich ist, wenn kein Interesse zur Bearbeitung der Hausaufgaben vorliegt. Dieses Handeln von Dominik kollidiert natürlich mit dem Auftrag der Heimerziehung. Es ist leider nicht möglich den Wünschen und Zielen von Dominik in dieser Form komplett zu entsprechen. Der Auftrag an die Heimerziehung ist klar strukturiert und existent. Seine Wünsche waren dahin gehend keine Hausaufgaben machen zu wollen, sondern lieber etwas anderes zu tun.

Wenn es darum geht, Ziele zu verwirklichen dienen in der Heimerziehung, genau wie in der Familie Zwangselemente als Mittel zu Zweck. Zwangselemente in der Familie sind aber anders zu werten als in einer Institution, wie dem Heim. Allgemein lässt sich zum Thema Zwang sagen, dass der günstigste Zeitraum für die mit Zwang verbundenen Lernprozesse mit spätestens sechs bis acht Jahren abgeschlossen ist. Ein Jugendlicher geht mit Zwangserfahrungen anders um als ein Kleinkind. Begegnet man einem Jugendlichen mit Formen von körperlichem Zwang, muss man damit rechnen, dass er nur die Demütigung über den verlorenen Kampf sieht und ihm die möglichen positiven Aspekte der Begrenzung entgehen. Ferner sind Heime ganz andere Sozialsysteme als Familie, hier ist man lebenslang Mitglied. Heime dagegen sind Orte, an denen man nur eine begrenzte Zeit ist. Für die Mitarbeiter ist man auch kein einmaliges Individuum so wie für die Eltern. Um im Heim Zwangselemente als positive Bildungsimpulse begreifen zu können, bedarf es in jedem Fall einer guten Beziehung. Häufig werden Zwangselemente aber schon angewendet, bevor eine Beziehung besteht (vgl. Schwabe 2008, 74f).

Die Heimerziehung ist ein professionell gestalteter Lebensraum für Kinder und Jugendliche, wenn eine für ihre Entwicklung angemessene Erziehungssituation bei den nicht Eltern vorliegt. In der Heimerziehung sind Kinder und Jugendliche anzutreffen, die aus multiproblembelasteten Milieus stammen und in einer sozialisatorischen Mangelsituation aufgewachsen sind. Häufig liegen ausgeprägte schulische Schwierigkeiten vor. Bei vielen Kindern und Jugendlichen, die im Heim leben, kam es in der schulischen Entwicklung zu Schulversagen, Schulangst bzw. zu Frustration. Diese Gegebenheiten liegen auch mein Wissens bei Dominik vor.

Die Heimerziehung versucht daher bei ihren Klienten das Selbstwertgefühl zu reaktivieren und es zu stabilisieren (vgl. Winkler 2003, 129ff). Es ist natürlich von großer Bedeutung nicht nur für die Heimerziehung das Kinder und Jugendliche eine gute Bildung in Anspruch nehmen. Je besser ihre Grundvoraussetzung ist, desto höher können ihre Erfolgsaussichten im späteren Erwerbsleben sein (vgl. Winkler 2003, 132). Damit sind der Heimerziehung die schulbezogenen Ziele deutlich vorgegeben. Die Lernmotivation und die Leistungsbereitschaft sollen geweckt werden. Die Heimerziehung muss Interesse am schulischen Lernen und an der Leistungsentwicklung ihrer Klienten haben. Sie sollte am schulischen Geschehen teilnehmen (z. B. durch den Besuch von Sprechtagen und ähnlichem), kontinuierlich bei Hausaufgaben unterstützen, aber auch dabei helfen durch gezielte Entspannung Stress abzubauen (Rückzugsräume schaffen, gemeinsam etwas unternehmen etc.). Somit ist eine schulische Entwicklung möglich, durch Erfolgserlebnisse wird dann unter Anderem das Sozialverhalten der Kinder und Jugendlichen in vielen Facetten verbessert (vgl. Winkler 2003, 133).

Für die Hausaufgabenbetreuung im Haus bedeutet dies zunächst eine Hausaufgaben Betreuungssituationen, mit klaren Erwartungen, Verbindlichkeiten und Regeln zu schaffen. Dieses Setting wäre ein konsequentes Erziehungsverhalten und müsste von allen Mitarbeitern durchgeführt werden. Für die Praxis ist es allerdings schwierig alle genannten Dinge zu berücksichtigen, dies kostet Zeit und setzt eine gute Zusammenarbeit mit den betroffenen Schulen voraus.

Sofern ich noch einmal die Chance hätte, Dominik bei den Hausaufgaben zu unterstützen würde ich didaktisch und planerisch anders vorgehen. Zum einen würde ich mehr auf seine Bedürfnisse und Wünsche eingehen versuchen ihn besser zu motivieren und nach Möglichkeit ausreichend Pausen für die Erholung einzubauen. Von den Kollegen vor Ort würde ich mir wünschen, dass sich auf ein allgemeingültiges Setting geeinigt wird, um nicht von den Kinder und Jugendlichen ausgespielt zu werden.

5.3.2 Die Durchführung von „Auf der Jagd nach Mr.X"

Wie bereits oben beschrieben, sah ich sah bei dem Spiel „Auf der Jagd nach Mr.X" nur die logische Konsequenz es zu beenden, wenn auf meine Forderungen der

Konformität, nicht hätte eingegangen werden können. Meines Erachtens musste eine Reaktion von mir und ich nicht bereit war das Spiel so fortzusetzen. Ein weitere Frage, die sich stellt, wie man mit Konflikten dieser Art und in diesem Setting außerhalb der sonst gewohnten Umgebung umgeht.

Die Klienten der Jugendhilfe sind häufig junge Menschen, die massiv an der Psyche geschädigt sind. Sie wurden meist von Maßnahme zu Maßnahme oft ohne positive Prognose weitergeleitet. Viele Kinder und Jugendliche hatten in ihrer Kindheit keine positiven Vorbilder, diese müssen von den Pädagogen nachgeliefert beziehungsweise übernommen werden (vgl. Fehrenbacher 2007, 188).

Feststeht auch, dass ein Aufwachsen, ohne Reibung und Störung mit anderen nicht möglich ist. Heranwachsende geraten immer wieder in stärkere oder schwächere Auseinandersetzungen. Wie allerdings soll mit Konflikten umgegangen werden. Gefährdungen für die Entwicklung des Menschen treten dann auf, wenn Konflikte nicht ausgetragen, sondern unterdrückt werden. Eine Unterdrückung würde eine Intensivierung bedeuten, die sich bis zur Aggression steigern kann oder sich in anderen Formen entlädt (vgl. Mollenhauer 2001, 89ff). Eine Vermeidung von Konflikten ist in jedem Fall nicht wünschenswert und auch in einer konfliktreichen Gesellschaft, wie der unseren auch nicht möglich. Soziale Konflikte lassen sich demokratisch lösen. Für eine demokratische Gesellschaft ist das Regeln von Konflikten anstatt diese zu unterdrücken ein fundamentaler Bestandteil. Konflikte zwischen Pädagogen und seinem Klienten gelten erst als verarbeitet, wenn offen über ihn gesprochen wurde. Es einfach dabei zu belassen oder die ursprüngliche Situation wiederherzustellen gilt nicht als Verarbeitung und ist nicht erstrebenswert (vgl. Mollenhauer 2001, 94).

Nina äußerte den Wunsch zu Beginn des Spiel in eine andere Gruppe zu dürfen, dies wurde abgelehnt mit der Begründung, das bei einer neuen Gruppenbildung erneut nicht alle Wünsche ausreichend berücksichtigt werden können.

Das Arbeitsfeld Heimerziehung sollte sich allerdings am jungen Menschen selbst orientieren, dies ist dringend notwendig, aber in der Praxis nur schwer umzusetzen. Die Heimerziehung ist grundsätzlich ein Ort, der der Öffentlichkeit verantwortlich ist und nach rechtlichen Standards handelt. Es ist in administrative Entscheidungsstrukturen eingebunden. Im Rahmen der Heimerziehung wird sich selten an die Kinder und Jugendlichen angepasst. Das Heim fordert eher das sich das Kind oder der Jugendliche an ihr System anpasst (vgl. Stork 2007, 23).

Eine erfolgreiche Heimerziehung benötigt gemeinsam gestaltete Beziehungs- und Bildungsprozesse von Jugendlichen und Fachkräften. Wenn sich Heimerziehung als Gruppenerziehung begreift, können sich weitere Chancen und Bildungsmöglichkeiten für die Kinder und Jugendlichen entwickeln. Das Leben in der Gruppe bietet neue

Erfahrungen. Wenn neben der Teilnahme auch eine Teilhabe am Gruppengeschehen entsteht, und damit begonnen wird Verantwortung zu übernehmen, kann das Heim ein bedeutsamer Lebensort für die Kinder und Jugendlichen werden (vgl. Stork 2007, 25).

Für meine dargestellte Situation bedeutet dies, ich hätte, um die Situation zu entschärfen, für Nina ein gutes Vorbild sein müssen und den Konflikt, mit dem sie sich auseinandersetzte, offen ansprechen müssen. Dies hätte zwar eine Unterbrechung des Spiels vorausgesetzt, aber vielleicht wäre es abschließend möglich gewesen die Situation zufriedenstellend zu beenden. Bei der Gruppenfindung hätten wir eher auf die Gruppe selbst eingehen müssen und der Frage nachgehen, wer in welche Gruppe möchte. Oder ein Losverfahren hätte uns bei der Entscheidung geholfen.

Fazit

Rückblickend betrachtet trug das Praktikum in Kinder- und Jugendhilfe XY, wie auch das Verfassen dieses Berichtes zu einem erheblichen Erkenntnisgewinn für meine persönliche Entwicklung bei.

Durch das Praktikum erhielt ich einen Einblick in die stationäre Kinder und Jugendhilfe, das für mich bisher zu den Arbeitsfeldern der Sozialarbeit gehörte, in denen ich mir vorstellen konnte nach dem Studium tätig zu werden. Aber nachdem ich das Klientel der Heimerziehung kennengelernt habe und erfuhr mit welchen Problematiken sie sich auseinandersetzen, gehört dieses Berufsfeld nun nicht mehr zu den von mir bevorzugten Arbeitsfeldern. Das liegt aber auch zum großen Teil an den Arbeitszeitstrukturen, die derzeit nicht in mein Lebensumfeld.

Es ist meines Erachtens schwierig eigene Interessen, die unter Anderem der Entspannung und Erholung dienen sollen, mit den gegebenen Arbeitszeiten in Einklang zu bringen. Das mir angebotene Berufspraktikum würde ich dennoch gern in Anspruch nehmen, einer Gründe ist zum einen das die Einrichtung nach dem gesetzlichen geltenden Tarif bezahlt und die Vorgaben des Bachelor Studiengangs akzeptiert.

Die theoretische Auseinandersetzung mit dem Arbeitsfeld verhalf mir zu neuen und wichtigen Erkenntnissen über die Heimerziehung. Zu erfahren, wie sich die Heimerziehung noch vor 30 Jahren in Deutschland gestaltete schockierte mich. Ich denke, dass die 68er Generationen durch ihre ablehnende Haltung an das geltende System, einen großen Beitrag zur Entstehung neuer Erziehungsstile leistete. So wurden aus den großen Erziehungsheimen kleine familienähnliche Gruppen, die ein liebevolles behutsames Aufwachsen der Kinder und Jugendlichen möglich machen. Ich konnte einen Vergleich über die theoretischen Methoden und ihrer Umsetzung in der Praxis ziehen.

Die Ausarbeitung meiner Reflexion bot mir einen Raum von Fragestellungen, denen ich bei meinen Ausführungen versucht habe, nachzugehen. Die Reflexion verhalf mir zu neuen Erkenntnissen über die so noch nicht nachgedacht hatte. Ich verstehe nun ihre Handlungsweise, die mir im Praktikum noch verschlossen blieb. Das zeigt welche große Bedeutung, die Reflexion des eigenen Handelns haben kann.

Literaturverzeichnis

Gabriel, Thomas; Winkler, Michael (2003): Heimerziehung. Kontexte und Perspektiven. München: Reinhardt.

Giesecke, Hermann (1997): Pädagogik als Beruf. Grundformen pädagogischen Handelns. 6. Aufl. Weinheim: Juventa-Verl.

Günder, Richard (2007): Praxis und Methoden der Heimerziehung. Entwicklungen, Veränderungen und Perspektiven der stationären Erziehungshilfe. 3., völlig neu überarbeitete Auflage. Freiburg im Breisgau: Lambertus.

Junge, Hubertus; Lendermann, Heiner B. (1990): Das Kinder- und Jugendhilfegesetz. (KJHG) ; einführende Erläuterungen. Freiburg im Breisgau: Lambertus.

Knab, Eckhart; Mörsberger, Heribert (2007): Perspektiven für die Kinder- und Jugendhilfe. Von der Heimerziehung zur Vielfalt der erzieherischen Hilfen. Freiburg im Breisgau: Lambertus.

Lutz, Ronald (2008): Perspektiven der Sozialen Arbeit. In: APuZ "Aus Politik und Zeitgeschichte", H. 12-13, S. 3–10.

Mollenhauer, Klaus (2001): Einführung in die Sozialpädagogik. Probleme und Begriffe der Jugendhilfe. Weinheim und Basel: Beltz.

Pschyrembel, Willibald; Hildebrandt, Helmut (1994): Medizinisches Wörterbuch. Mit 268 Tabellen. 257. Aufl. Hamburg: Nikol.

Schwabe, Mathias; Ernst, Rüdiger (2008): Zwang in der Heimerziehung? Chancen und Risiken. München: Reinhardt.

Silke Hellwig, Andrea Jeska (2006): Tod in Bremen. Vom Schicksal des zweijährigen Kevin wussten viele. Gerettet hat ihn niemand. Herausgegeben von Die Zeit. Online verfügbar unter http://www.zeit.de/2006/43/Bremen, zuletzt geprüft am 30.04.2008.

Stork, Remi (2007): Kann Heimerziehung demokratisch sein? Eine qualitative Studie zum Partizipationskonzept im Spannungsfeld von Theorie und Praxis. Weinheim: Juventa-Verl.

Weber, Friedrich (2006): Biblischer Impuls zum Jugendsozialgipfel. In: Dokumentation des Jugendsozialgipfels, S. 10–14.

Wolf, Manfred (2002): Fachlexikon der sozialen Arbeit. 5. Aufl. Frankfurt am Main: Kohlhammer.

Wir haben den Status eines Entwicklungslandes. Bundespräsident Horst Köhler stellt dem deutschen Bildungssystem ein miserables Zeugnis aus. (2007). Herausgegeben von die Süddeutsche. Online verfügbar unter http://www.sueddeutsche.de/jobkarriere/artikel/41/139748/, zuletzt geprüft am 30.04.2008.

Graue Literatur

Organigramm XY Kinder und Jugendhilfe; Konzeption; Leitbild; Ziele und Aufgaben